Impressum
Verlag: BABADADA GmbH, Nedderfeld 112 , 22529 Hamburg
Geschäftsführer / Verlagsleitung: Harald Hof
Druck: Books on Demand GmbH, In de Tarpen 42, 22848 Norderstedt

Imprint
Publisher: BABADADA GmbH, Nedderfeld 112 , 22529 Hamburg, Germany
Managing Director / Publishing direction: Harald Hof
Print: Books on Demand GmbH, In de Tarpen 42, 22848 Norderstedt

koulu

ليكول

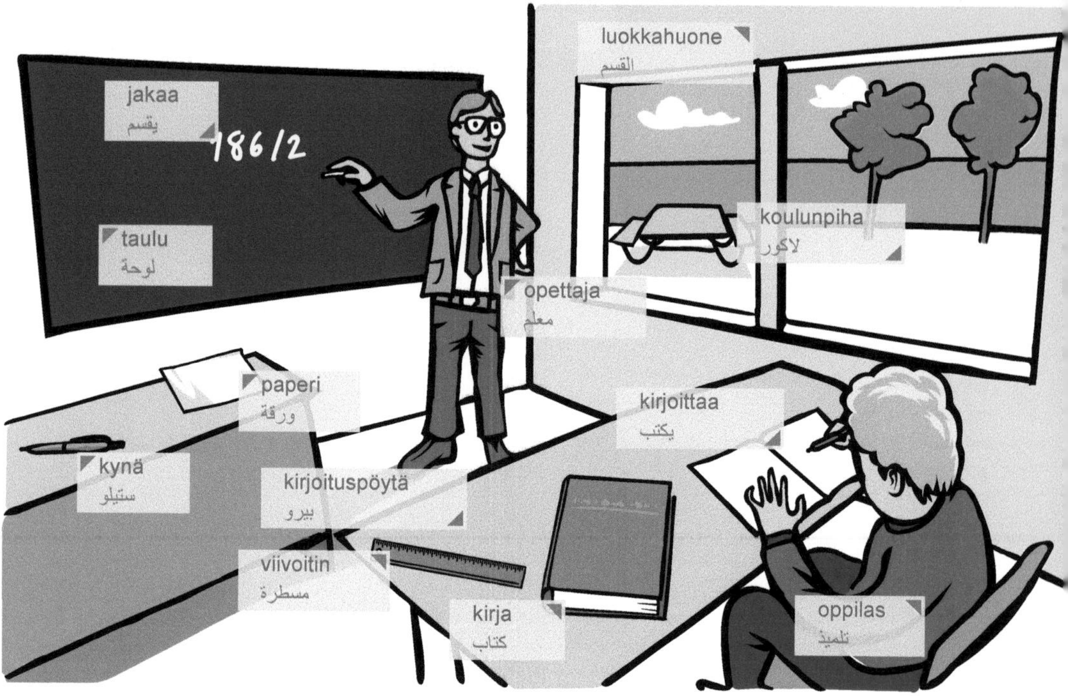

jakaa
يقسم
186/2
taulu
لوحة
luokkahuone
القسم
koulunpiha
لاكور
opettaja
معلم
paperi
ورقة
kirjoittaa
يكتب
kynä
ستيلو
kirjoituspöytä
بيرو
viivoitin
مسطرة
kirja
كتاب
oppilas
تلميذ

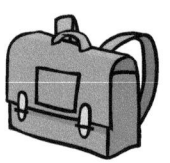

reppu

كرطاب

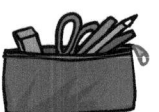

penaali

المقلمة

lyijykynä

قلم الرصاص

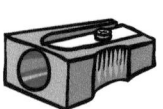

kynänteroitin

منجارة

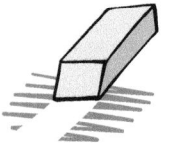

pyyhekumi

ممحا

piirustuslehtiö

الكايي تاع الرسم

piirustus

الرسم

pensseli

البانسو

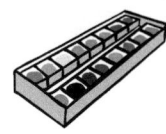

vesivärit

باتير

sakset

مقص

liima

كولا

harjoituskirja

كايي تاع التمارين

kotitehtävä

الواجبات

luku

النيميرو

lisätä

يجمع

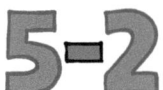

vähentää

يطرح

kertoa

يضرب

laskea

يحسب

kirjain

الحرف

aakkoset

الحروف

sana

كلمة

teksti

النص

lukea

اقرا

liitu

طباشير

oppitunti

الدرس

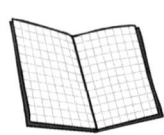

opettajan muistikirja

دفتر المدرسي

koe

امازقيل

todistus

اكيفترس

koulupuku

لوكيل تاع اللبة

koulutus

التعليم

sanakirja

كيسكيل

yliopisto

الجامعة

mikroskooppi

المجهر

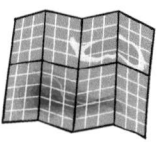

kartta

الخريطة

roskakori

لابوب

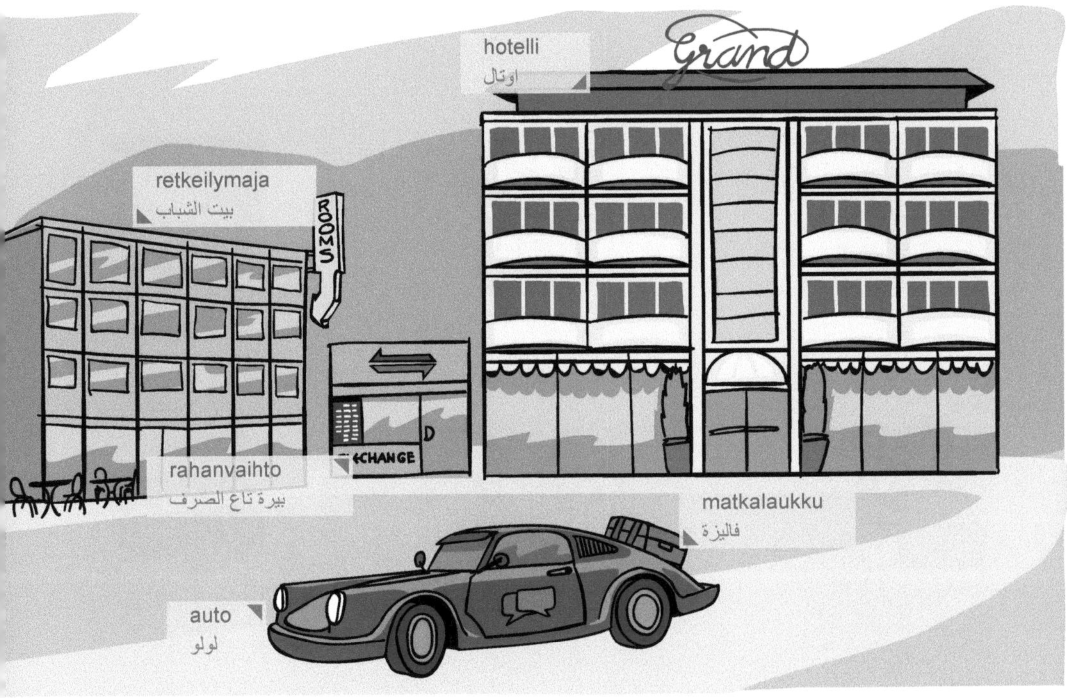
hotelli
اوتال
Grand
retkeilymaja
بيت الشباب
ROOMS
EXCHANGE
rahanvaihto
بيرة تاع الصرف
matkalaukku
فاليزة
auto
لولو

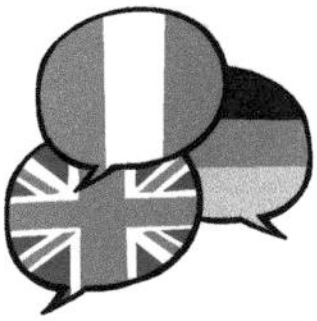

kieli

اللغة ليقصدها

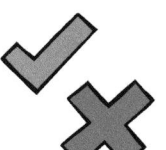

kyllä / ei

واه / لا

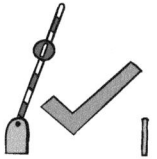

selvä

صحا

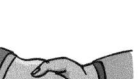

hei

مرحبا

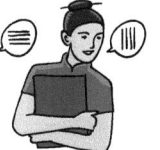

tulkki

طرجمان

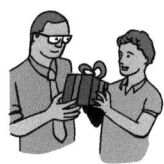

kiitos

صحيت

Paljonko...maksaa?

شعال السومة؟

en ymmärrä

مفهمتش

ongelma

مشكيلة

Hyvää iltaa!

مسلخير

Hyvää huomenta!

صباح لخير

Hyvää yötä!

تصبح بخير

näkemiin

بسلامة

suunta

ديركسيو

matkatavarat

الباقاج

laukku

ساك

reppu

ساكادو

vieras

ضيف

huone

شمبرا

makuupussi

قادر تاع ساك

teltta

خيمة

matka - فواياج

turisti-info

استعلامات سياحية

ranta

بحر

luottokortti

كارطة ناع الكريدي

aamupala

فطور الصباح

lounas

الفطور

päivällinen

العشا

matkalippu

البيبي

hissi

اسونسير

postimerkki

تامبر

raja

الحدود

tulli

الديوانة

suurlähetystö

سقارة

viisumi

فيزا

passi

باسبور

kuljetus
نقل

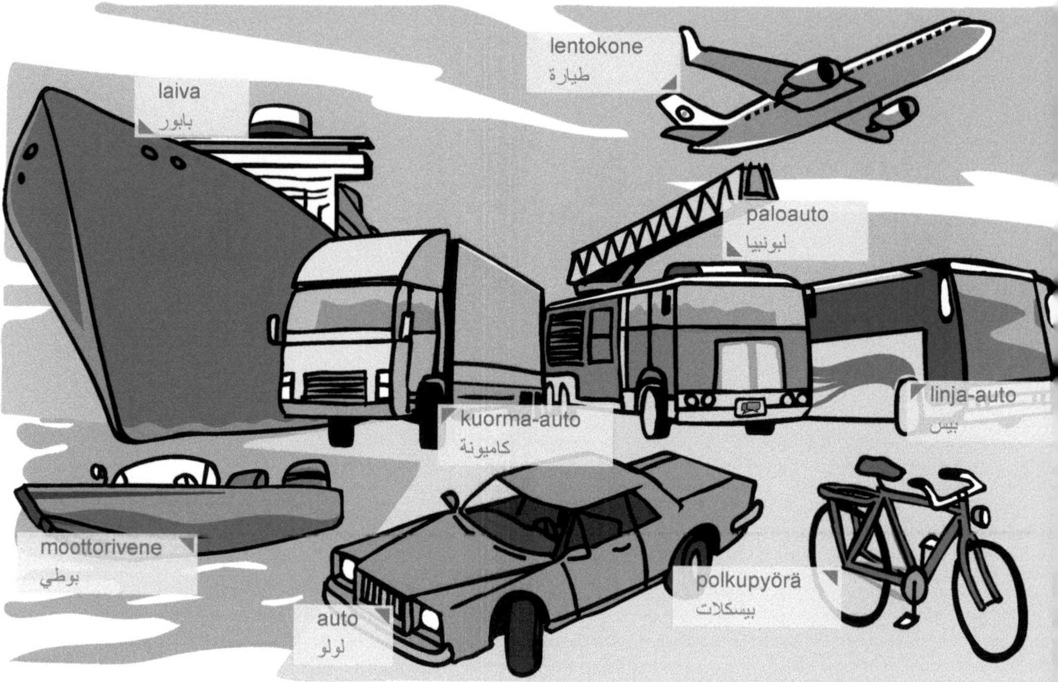

lentokone
طيارة
laiva
بابور
paloauto
لبونبيا
kuorma-auto
كاميونة
linja-auto
بيس
moottorivene
بوطي
polkupyörä
بيسكلات
auto
لولو

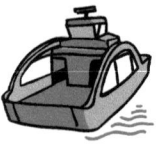

lautta
بابو

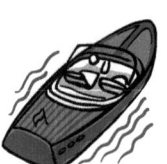

vene
بوطي

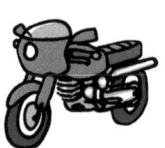

moottoripyörä
موطو

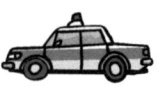

poliisiauto
لوطو تاع لابوليس

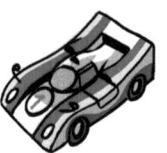

kilpa-auto
لوطو تاع السيباق

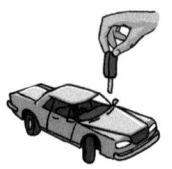

vuokra-auto
لوطو تاع كرية

car sharing

لواطا تاع كرية

hinausauto

رومورك

roska-auto

كاميو تاع الزبل

moottori

موتور

polttoaine

ليسونس

huoltoasema

ستاسيون

liikennemerkki

بانو

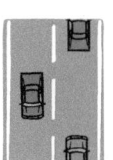

liikenne

ترافيك

ruuhka

سركالة

parkkipaikka

باركينغ

rautatieasema

لاقار

raiteet

السبيكة

juna

قطار

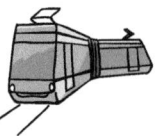

raitiovaunu

ترام

vaunu

فاغون

helikopteri

اليكبتار

lentokenttä

مطار

lähilennonjohto

تور

matkustaja

مسافر

kontti

كونتنار

pahvilaatikko

كرطونة

kärryt

شاريو

kori

سلة

nousta / laskea

يقلع / يهود

kaupunki

مان

kylä

قرية

keskusta

البلاد

talo

دار

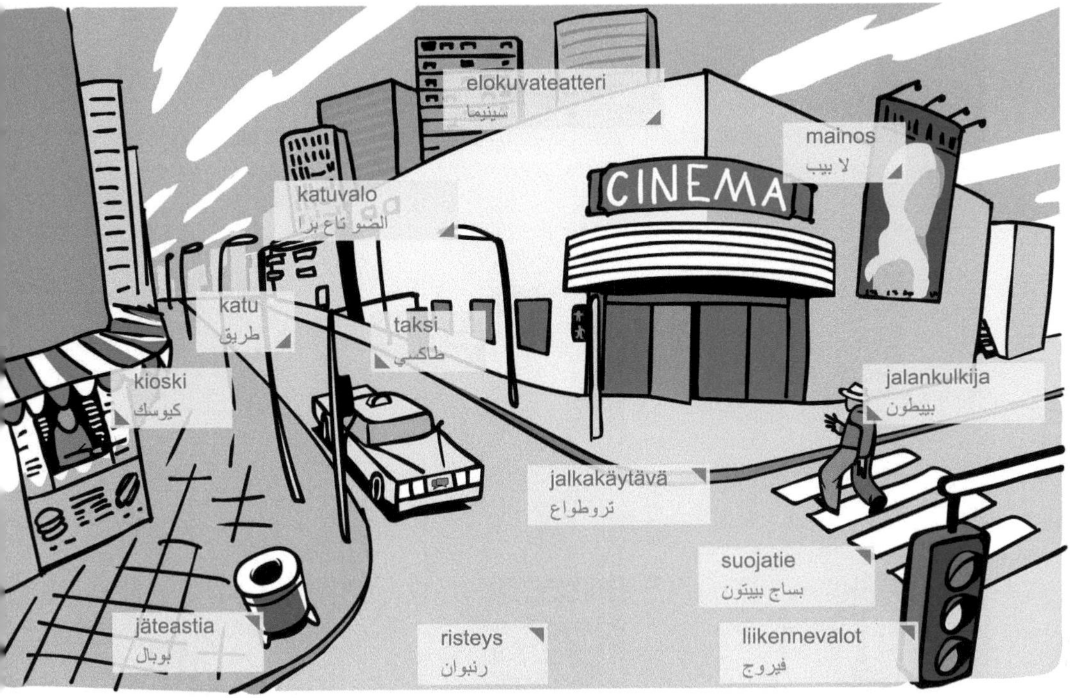

elokuvateatteri — سينما

mainos — لا بيب

katuvalo — أضواء الشارع

katu — طريق

taksi — طاكسي

jalankulkija — بييطون

kioski — كيوسك

jalkakäytävä — تروطواع

suojatie — بساج بييتون

jäteastia — بوبال

risteys — رنبوان

liikennevalot — فيروج

mökki

كوخ

kerrostalo

برطمان

rautatieasema

لاقار

kaupungintalo

لاميري

museo

متحف

koulu

ليكول

yliopisto

الجامعة

pankki

بانكة

sairaala

سبيطار

hotelli

اوتال

apteekki

فارماسي

toimisto

بيرو

kirjakauppa

مكتبة

liike

حانوت

kukkakauppa

فلوريست

supermarketti

سوبرات

tori

مرشي

tavaratalo

حانوت كبير

kalakauppias

مسمكة

ostoskeskus

سونتر كومرسيال

satama

المينا

puisto

بارك

penkki

بنك

silta

جسر

portaat

درج

metro

ميترو

tunneli

تونال

linja-autopysäkki

لاري تاع البيس

baari

بار

ravintola

مطعم

postilaatikko

صندوق البريد

katukyltti

البانوات

parkkimittari

مقياس زمن الوقوف

eläintarha

حديقة حيوانات

uimala

بيسين

moskeija

جامع

maatila

فيرما

ympäristön saastuminen

التلوث

hautausmaa

مقبرة

kirkko

كنيسة

leikkikenttä

بارك

temppeli

معبد

maisema

الريف

lehti
ورقة

tienviitta
بانو

tie
طريق

niitty
مرج

kivi
حجرة

puu
شجرة

retkeilijä
رحالة

joki
نهر

ruoho
حشيش

kukka
زهرة

laakso

واد

vuori

جبل

järvi

بحيرة

metsä

غابة

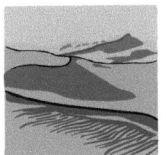

aavikko

صحرا

tulivuori

بركان

linna

شاطو

sateenkaari

قوس قزح

sieni

فِطر

palmu

نخلة

hyttynen

ناموسة

kärpänen

ذبابة

muurahainen

نملة

mehiläinen

نحلة

hämähäkki

رتيلة

kovakuoriainen

خنفوس

sammakko

جرانة

orava

سنجاب

siili

قنفود

jänis

قنينة

pöllö

بومة

lintu

زاوش

joutsen

بجعة

villisika

حلوف

peura

عزالة

hirvi

إلكة

pato

سد

tuulimylly

الطاحونة

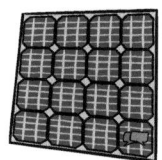

aurinkopaneeli

خلية شمسية

ilmasto

كليما

ravintola

مطعم

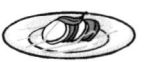

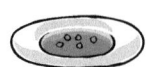

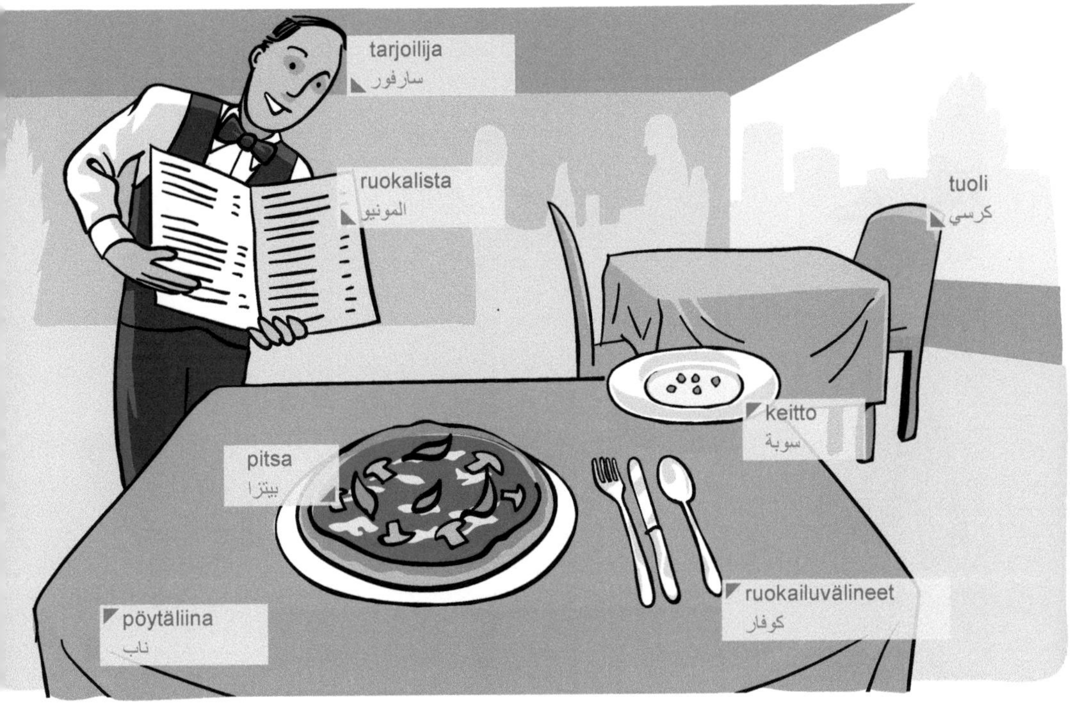
tarjoilija
سارفور
ruokalista
المونيو
tuoli
كرسي
keitto
سوبة
pitsa
بيتزا
ruokailuvälineet
كوفار
pöytäliina
ناب

alkuruoka

اوردوفر

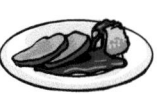

pääruoka

الطبق الرئيسي

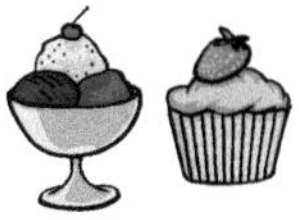

jälkiruoka

ديسار

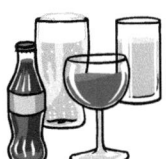

juomat

مشروبات

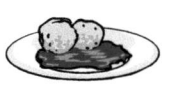

ruoka

ماكلة

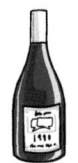

pullo

القرعة

pikaruoka

فاست فود

katuruoka

ماكلة نديه معايا

teekannu

براد اتاي

sokeriastia

سكرية

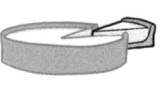

annos

طرف

espressokeitin

ماشينة تاع اكسبريسو

syöttötuoli

كرسي عالي

lasku

فاتورة

tarjotin

سني

veitsi

خدمي

haarukka

فرشيطة

lusikka

مغيرفة

teelusikka

مغيرفة تاع لاتاي

servietti

سربيتة تاع الطابلة

lasi

كاس

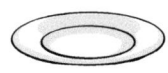

lautanen

طبسي

syvä lautanen

بول

aluslautanen

طبسي تاع الفنجال

kastike

صوصلا

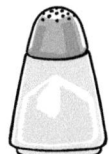

suolasirotin

القوطي تاع الملح

pippurimylly

طحان تاع الحرور

etikka

خل

öljy

زيت

mausteet

سيزيبيل

ketsuppi

كتشوب

sinappi

موطارد

majoneesi

مايونيز

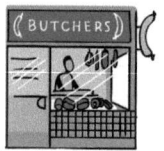

supermarketti

سوبرات

tarjous
بروموسيو
FOR
asiakas
كلويون
maitotuotteet
مشتقات الحليب
ostoskärryt
شاريو
hedelmät
فاكية

BUTCHERS

teurastamo

بوشي

BAKERY

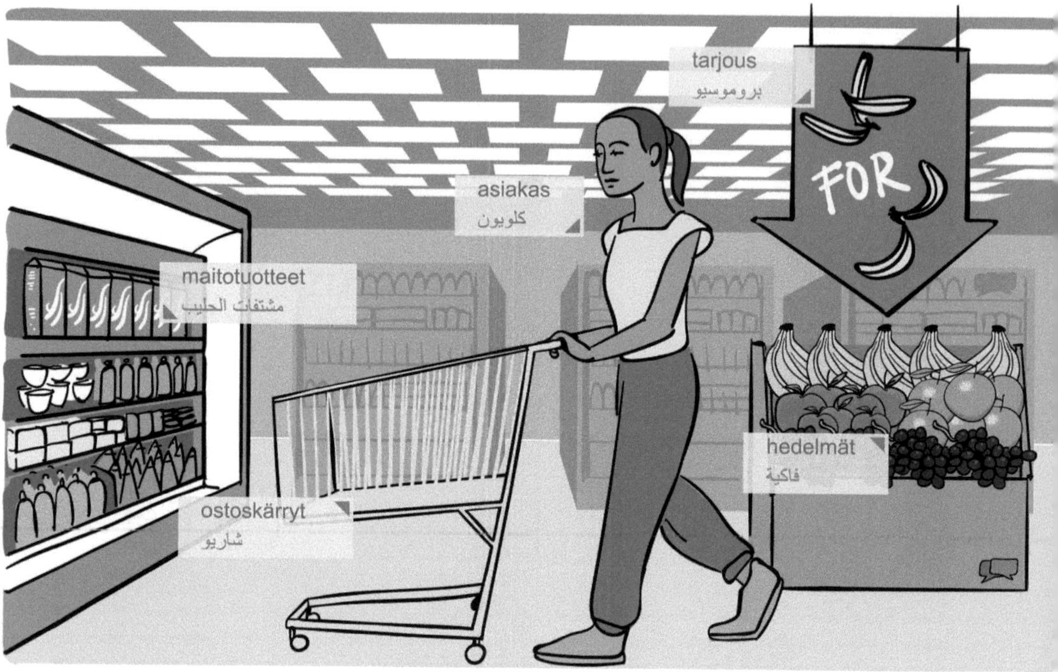

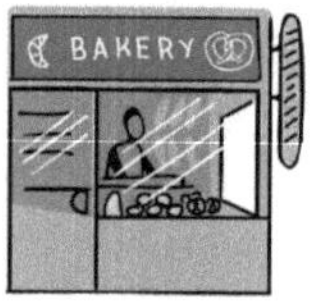

leipomo

بولونجي

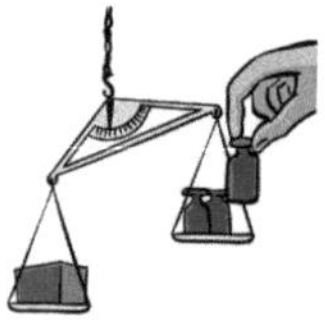

punnita

يوزن

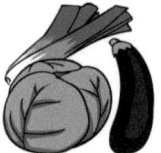

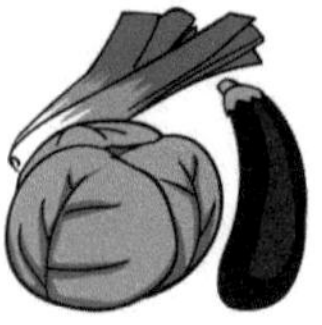

kasvikset

خضار

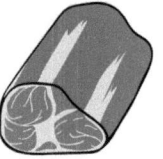

liha

لحم

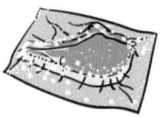

pakasteet

سيرجولي

leikkele

كاشير

säilykkeet

كونسارف

pesujauhe

الاومو تاع لغسيل

makeiset

الحلويات

kotitaloustarvikkeet

صوالح الدار

puhdistusaineet

ديتارجو

myyjä

فوندوز / خدامة فالحانوت

kassa

لاكاس

kassanhoitaja

كاسسي

ostoslista

ليستا تاع الشري

aukioloajat

سوايع الخدمة

lompakko

تزداتم

luottokortti

كارطة ناع الكريدي

kassi

ساك

muovipussi

بورسة

vesi

الما

mehu

جو

maito

حليب

kokis

كوكا

viini

الشراب

olut

البيرة

alkoholi

شراب

kaakao

كاكاو

tee

لاتاي

kahvi

قهوة

espresso

اكسبريسو

cappuccino

كابوتشينو

banaani

بانانة

omena

تفاح

appelsiini

تشينا

meloni

بطيخ

sitruuna

ليم

porkkana

كروطة / زرودية

valkosipuli

ثوم

bambu

بانبو

sipuli

بصل

sieni

شانبينيو

pähkinät

بندق

spagetti

ليبات

spagetti

سباقيتي

riisi

روز

salaatti

سلاطة

ranskalaiset

ليفريت

paistetut perunat

ليفريت

pitsa

بيتزا

hampurilainen

هانبورقر

voileipä

سندويش

leike

اسكالوب

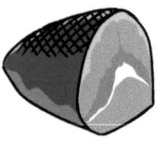

kinkku

لحم الحلوف

salami

سامي

makkara

مرقاز

kana

جاجة

paisti

لحم مشوي

kala

حوت

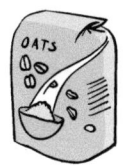

kaurahiutaleet

شوفان

mysli

موسلي

murot

كورن فلكس

jauho

فرينة

voisarvi

كرواسون

sämpylä

خبيزة

leipä

الخبز / كسرة

paahtoleipä

خبز محمر

keksit

بيسكوي

voi

زبدة

rahka

لبن

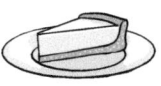

kakku

قاطو

kananmuna

بيض

paistettu kananmuna

بيض مقلي

juusto

فرماج

jäätelö

لاكرام

sokeri

سكر

hunaja

عسل

hillo

كونفتير

suklaapähkinälevite

نوقا

curry

الكاري

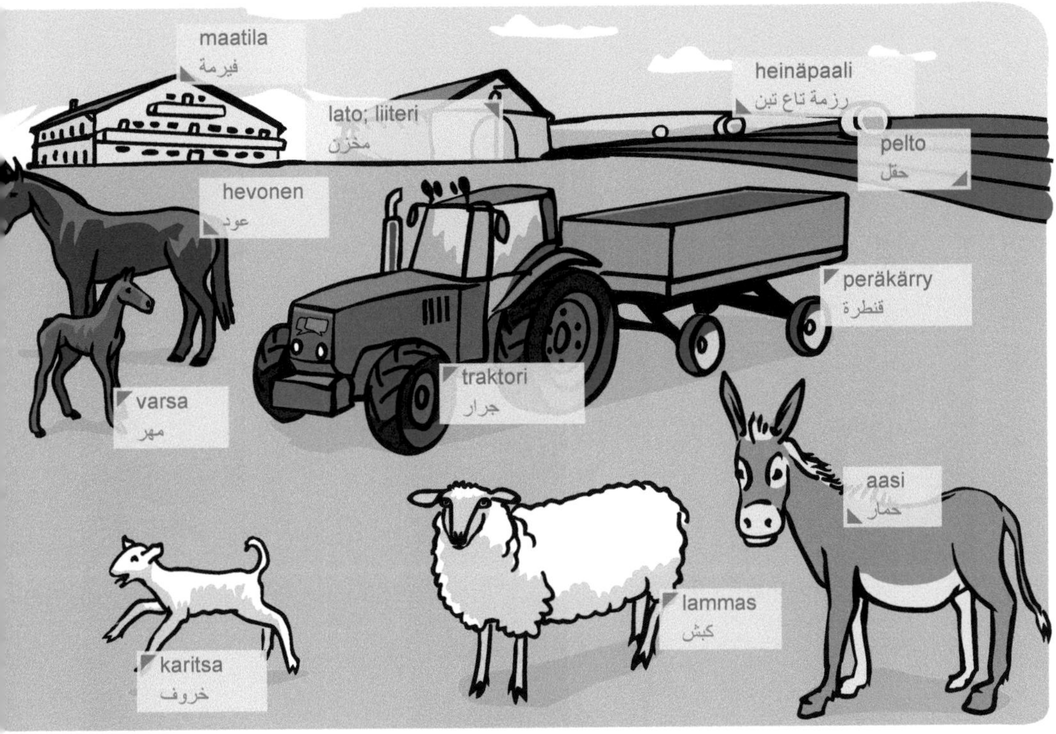

maatila
فيرمة

lato; liiteri
مخزن

heinäpaali
رزمة تاع تبن

pelto
حقل

hevonen
عود

peräkärry
قنطرة

traktori
جرار

varsa
مهر

aasi
حمار

karitsa
خروف

lammas
كبش

vuohi

معزة

lehmä

بقرة

vasikka

عجل

sika

حلوف

porsas

حلوف صغير

sonni

طورو

hanhi

وزة

ankka

بطة

tipu

فلوس

kana

جاجة

kukko

كودرس

rotta

جاوط

kissa

قطة

hiiri

فأر

härkä

ثور

koira

كلب

koirankoppi

دار الكلب

puutarhaletku

تييوب

kastelukannu

إبريق

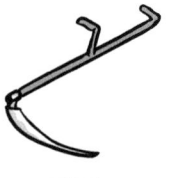

viikate

منجل

aura

محراث

sirppi

منجل

kuokka

الفاس

talikko

مذراة الزبل

kirves

شاقور

kottikärryt

برويطة

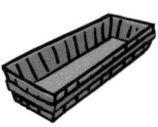

kaukalo

معلف

maitokannu

قابة تاع حليب

säkki

ساشيا

aita

سياج

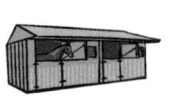

talli

صطبل

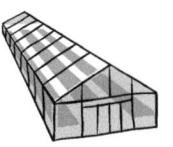

kasvihuone

بوطاجي

maa

تراب

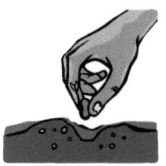

siemen

بذور

lannoite

سماد

leikkuupuimuri

حصادة

kerätä sato

يحصد

sato

الغلة

jamssit

بطاط

vehnä

قمح

soija

صويا

peruna

بطاطا

maissi

ماييس

rypsi

سلجم

hedelmäpuu

شجرة تاع فاكية

maniokki

منيهوت

vilja

الخبوب

savupiippu
مدخنة

katto
سقف

sadevesikouru
بالة

ikkuna
طاقة

autotalli
قاراج

ovikello
صونات

ovi
باب

roska-astia
بوبال

postilaatikko
بواطة تاع البرية

puutarha
جاردان

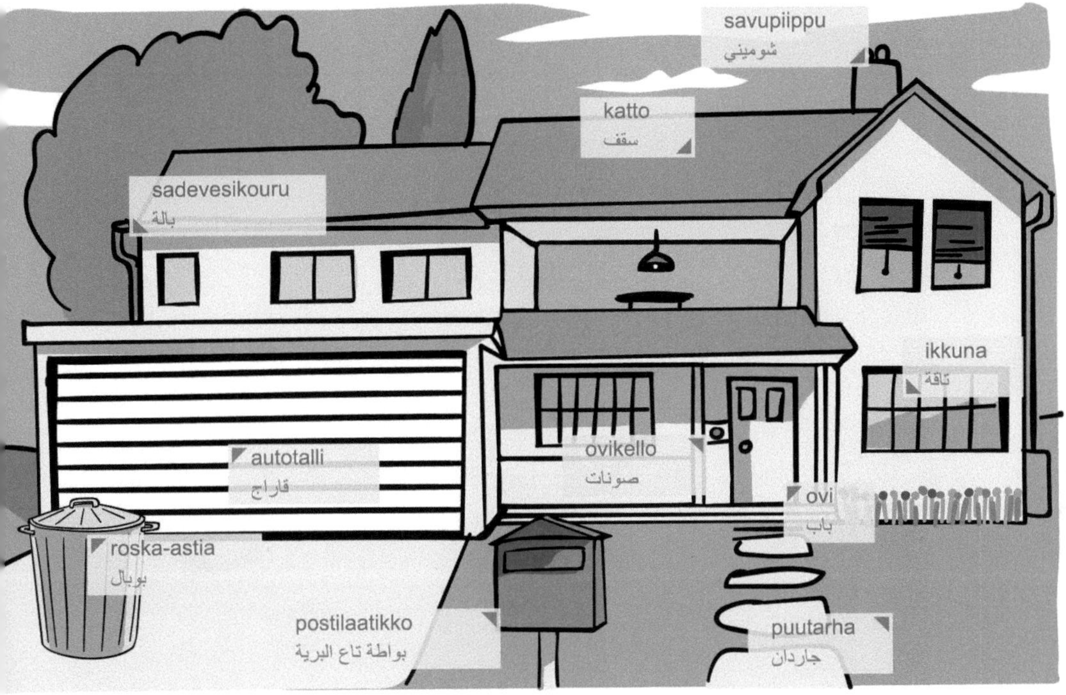

olohuone

صالون

kylpyhuone

الحمام

keittiö

كوزينا

makuuhuone

قادر تاع ابرماش

lastenhuone

يراري تاع ابرمش

ruokahuone

يجي مونجي صالة

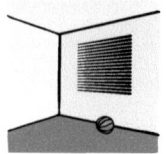

lattia

لرض

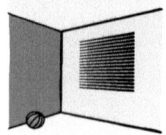

seinä

حيط

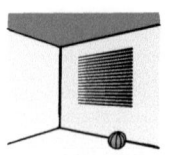

katto

بلافو

kellari

كافا

sauna

سونا

parveke

بالكون

terassi

تيراسة

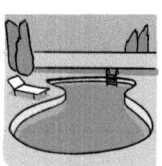

uima-allas

بيسين

ruohonleikkuri

جزارة تاع حشيش

lakana

سواا

päiväpeitto

كووات

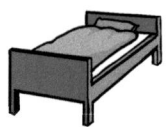

sänky

ناموسية

harja

مصلحة

ämpäri

حليص تاع بيدو

katkaisin

انتغبيتور

olohuone
صالون

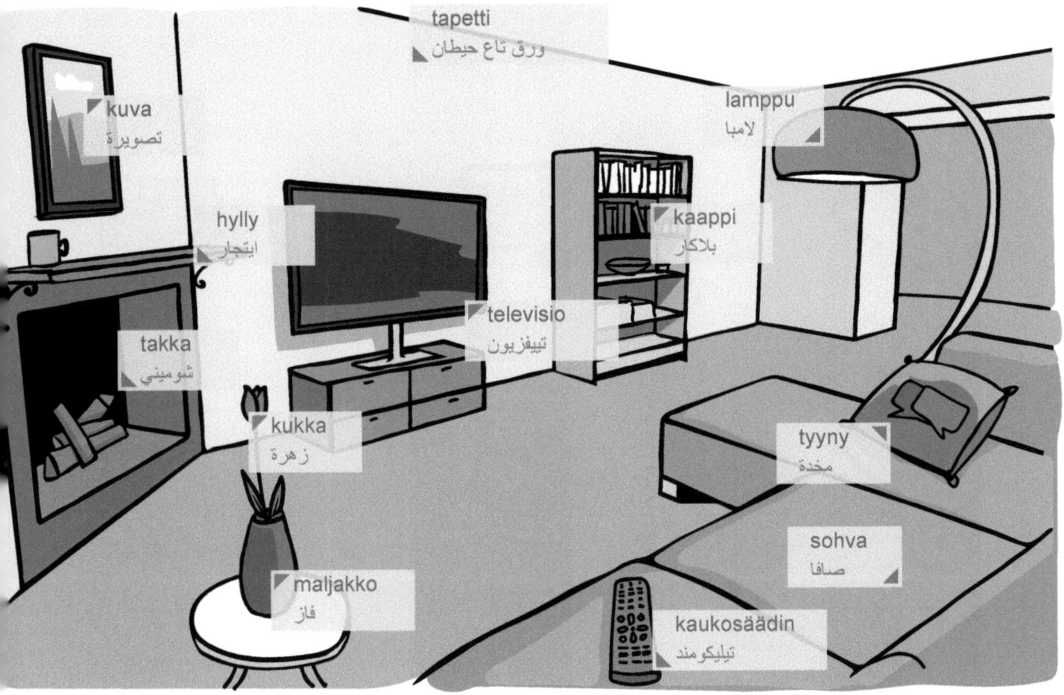

tapetti
ورق تاع حيطان
kuva
تصويرة
lamppu
لامبا
hylly
ايتجار
kaappi
بلاكار
televisio
تيبفزيون
takka
شوميني
kukka
زهرة
tyyny
مخدة
sohva
صافا
maljakko
فاز
kaukosäädin
تيليكومند

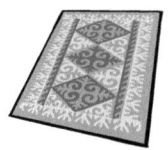

matto

طابي

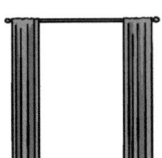

verho

ريدو

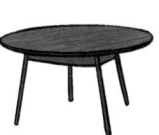

pöytä

طابلة

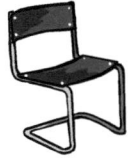

tuoli

كرسي

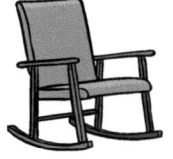

keinutuoli

كرسي يبوجي

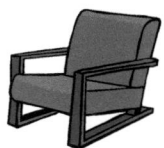

nojatuoli

فوتاي

kirja

كتاب

peitto

طوفيرطة

koriste

زواق

polttopuut

الحطب

elokuva

فيلم

stereot

الستيريو

avain

مفتاح

sanomalehti

جرنان

maalaus

كادر

juliste

بوستار

radio

راديو

muistivihko

كناش

pölynimuri

اسبيراتور

kaktus

صبار

kynttilä

شمعة

keittiö
كوزينا

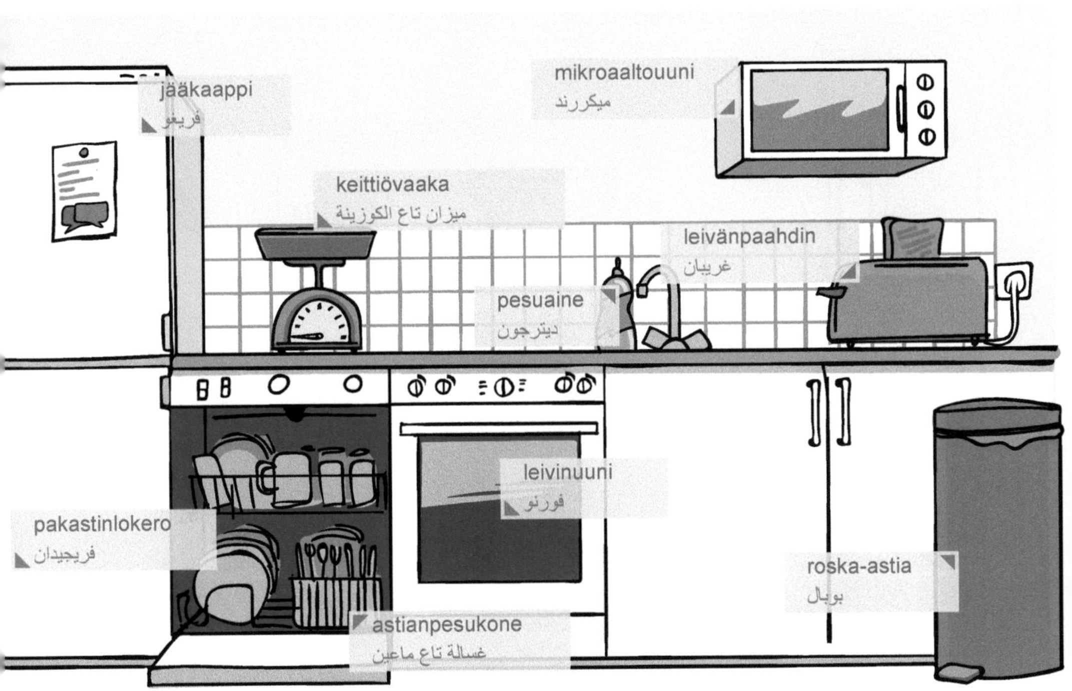
jääkaappi
فريغو
mikroaaltouuni
ميكررند
keittiövaaka
ميزان تاع الكوزينة
leivänpaahdin
غريبان
pesuaine
ديترجون
leivinuuni
فورنو
pakastinlokero
فريجيدان
roska-astia
بوبال
astianpesukone
غسالة تاع ماعين

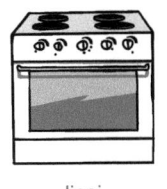

liesi

الفور

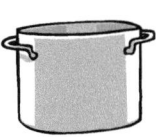

kattila

قدرة

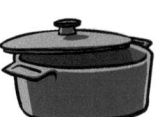

rautapata

مرميطا

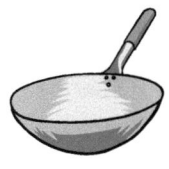

vokkipannu / kadai-pannu

طاوة غامقة

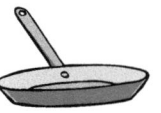

paistinpannu

مقلة

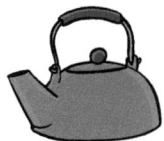

teepannu

غلاية

höyrykeitin

قدرة

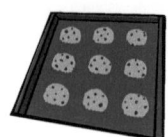

uunipelti

سني

astiat

ماعين

muki

قوبلي

kulho

طبسي

syömäpuikot

مطارق تاع الماكلة

kauha

لوشة

paistinlasta

سباتولة

vispilä

الضرابة

siivilä

كسكاس

siivilä

صفاية

raastin

راب

mortteli

مهراز

grilli

شواية

avotuli

موقد

leikkuulauta

اشلونب

kaulin

رولو

korkinavaaja

الحلال

purkki

قابسة

purkinavaaja

الحلال

pannulappu

كتان

lavuaari

لافابو

tiskiharja

بروسة

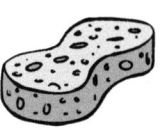

pesusieni

بونجة

tehosekoitin

الخلاط

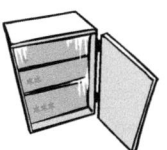

pakastin

فريغو

tuttipullo

بيبرونة

vesihana

سبالة

kylpyhuone

الحمام

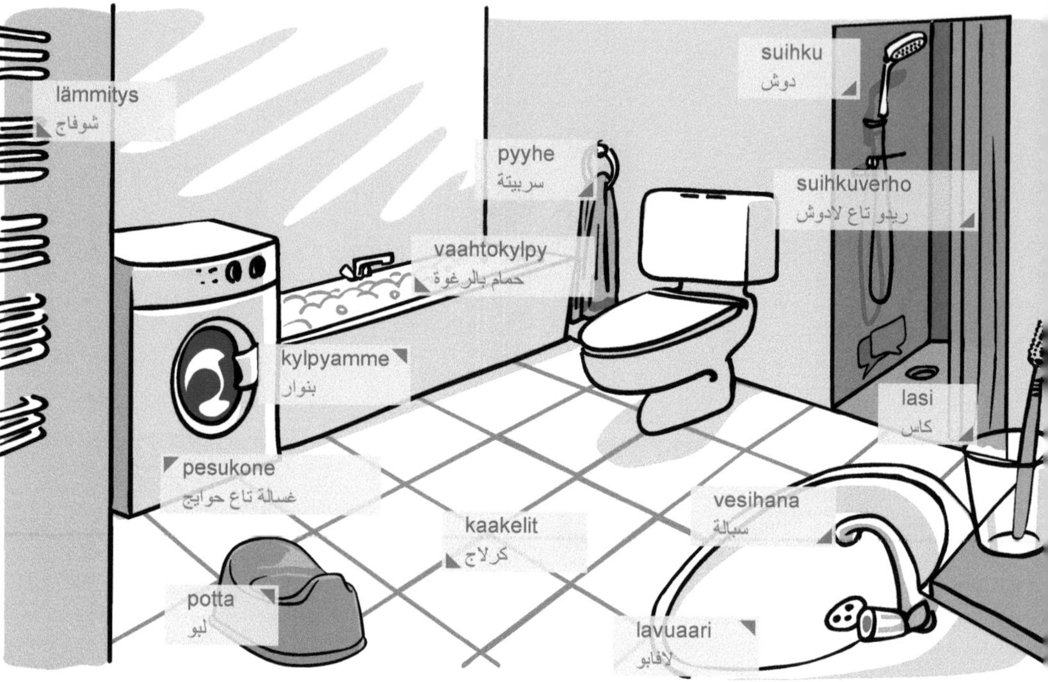

suihku
دوش
lämmitys
شوفاج
pyyhe
سربيتة
suihkuverho
ريدو تاع لادوش
vaahtokylpy
حمام بالرغوة
kylpyamme
بنوار
lasi
كاس
pesukone
غسالة تاع حوايج
vesihana
سبالة
kaakelit
كرلاج
potta
لبو
lavuaari
لافابو

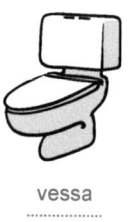

vessa
توالات

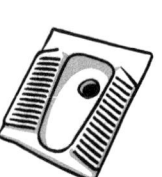

kyykkyvessa
توالات تركي

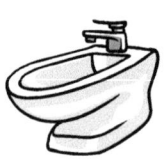

bidee
غسال الرجلين

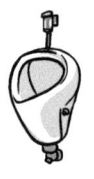

pisuaari
مبولة

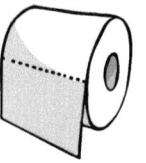

vessapaperi
ورق تاع توالات

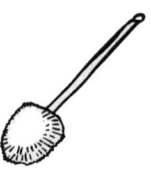

vessaharja
بروسة تاع توالات

hammasharja

بروسدون

hammastahna

دونتفريس

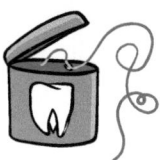

hammaslanka

خيط السنان

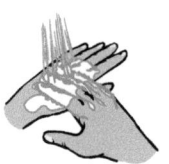

pestä

يغسل

käsisuihku

دوش تاع دوش

intiimisuihku

دوشات

pesuvati

لافابو

selkäharja

بروسا تاع الظهر

saippua

صابون

suihkugeeli

جال دوش

shampoo

شنبوان

pesulappu

الحبل

viemäri

قادوس

voide

بومادة

deodorantti

ديودورون

peili

مراية

käsipeili

مراة صغيرة

partaveitsi

رازوار

partavaahto

لاموس

partavesi

كولون

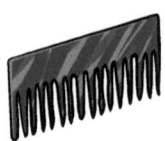

kampa

مشطة

harja

بروسة

hiustenkuivaaja

سشوار

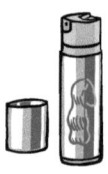

hiuslakka

مثبت الشعر

meikki

مكياج

huulipuna

روجالافر

kynsilakka

فرني

pumpuli

قطن

kynsisakset

كوبنغل

hajuvesi

ريحة

kosmetiikkalaukku

تروسة تاع حمام

jakkara

طابوري

vaaka

ميزان

kylpytakki

بينوار

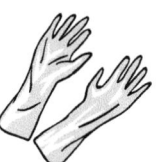

kumihansikkaat

ليغونات تاع النيتواياج

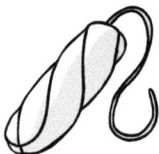

tamponi

تمبون

terveysside

لييوند

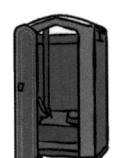

kemiallinen wc

توالات

lastenhuone

شمبرا تاع ذراري

herätyskello
ريفاي
pehmolelu
نونورس
leikkiauto
لوطو جوي
hellstin
الخشخاش
nukkekoti
دار تاع بوبيات
lahja
كادو

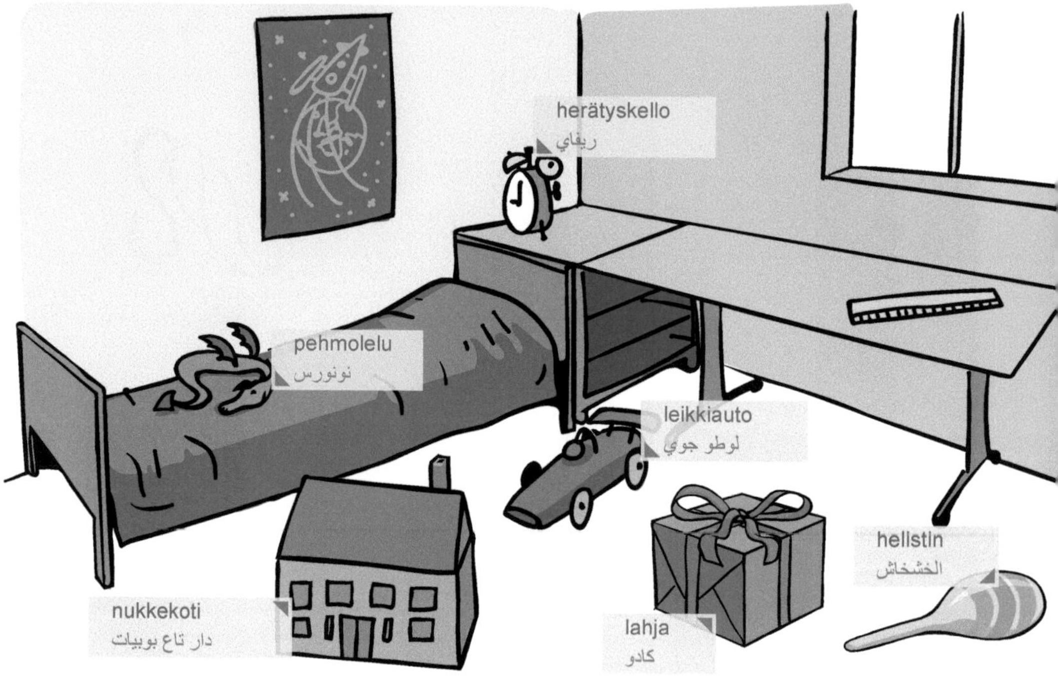

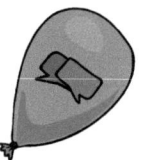

ilmapallo

بالونة / نسافة

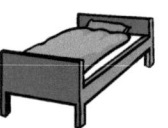

sänky

ناموسية

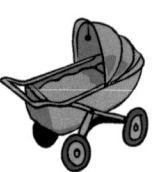

lastenvaunut

بوسات

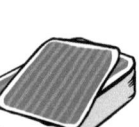

korttipeli

الكارطة

palapeli

البوزيل

SUPER MEGA

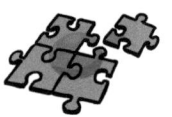

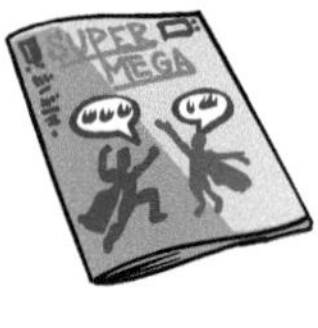

sarjakuva

بوند ديسيني

legopalikat

الليغو

rakennuspalikat

حجر يبنوه

supersankari

بوبية

potkupuku

لبسة تاع البيبي

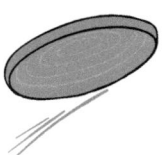

frisbee

فريزي

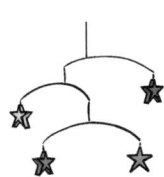

mobile

اللهاية

lautapeli

لعبة الطابلة

noppa

الدي

pienoisjunarata

التران

tutti

سوسات

juhlat

حفلة / الفيشطة

kuvakirja

كتاب بتصاوير

pallo

بالون

nukke

بوبية

leikkiä

يلعب

hiekkalaatikko

بارك بالرملة

keinu

بنصوار

lelut

جوري

pelikonsoli

منيطا

kolmipyörä

بيسكلات

nalle

دبدوب

vaatekaappi

ماريو

vaatteet

حوايج

sukat

نقاشر

nylonsukat

ليبا

sukkahousut

كولو

kaulaliina
شال

sateenvarjo
بربلوي

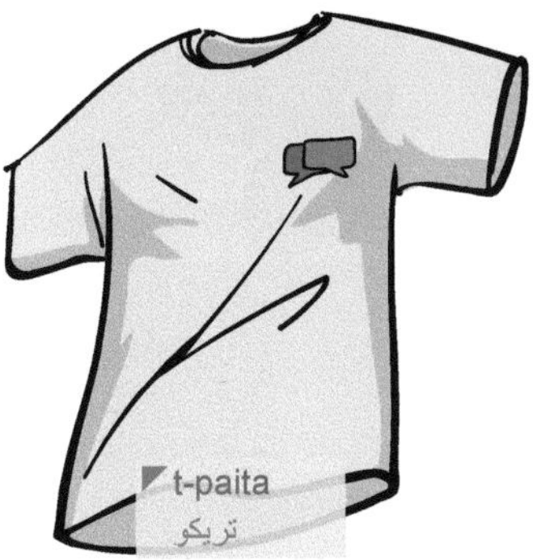

t-paita
تريكو

vyö
حزام

saappaat
بوط

sisätossut
بنتوفلا

lenkkarit
تينيسا / سبردينا

sandaalit
صندالة

kengät
صباط

kumisaappaat
بوط بلاستيك

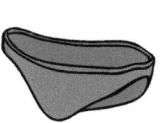

alushousut
كالسون

rintaliivit
سوتيان

aluspaita
حويج تاع داخل

body

لاصق على الجسم

housut

سروال

farkut

جين

hame

جيبا

pusero

طابلية

paita

قمجة

villapaita

تريكو

collegepaita

قارديقون

jakku

بلازار

takki

فيستا

takki

بالطو

sadetakki

بالطو

puku

كوستيم

mekko

روبا

hääpuku

شنبلوب روب

puku

كوستيم

yöpaita

شوميز دونوي

pyjama

بيجاما

shari

ساري

päähuivi

حجاب

turbaani

عمامة

burka

برقع

kaftaani

قفطان

abaya

عباية

uimapuku

مايو

uimahousut

موع عاتل لاورس

shortsit

شورت

verkkarit

لبسة تاع سبور

esiliina

طابلية

käsineet

ليقونات

nappi

قفلة

silmälasit

رظانو

rannekoru

يلساري

kaulakoru

سنسلة

sormus

خاتم

korvakoru

شوقنم

lippalakki

بوني

ripustin

سانتر

hattu

شابو

solmio

قرافاطة

vetoketju

غيمة

kypärä

كاسك

henkselit

بروتال

koulupuku

اللبة تاع ليكول

univormu

لينيفورم

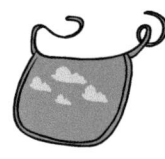

ruokalappu

رياقة

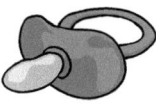

tutti

سوسات

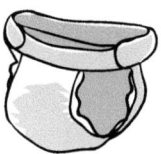

vaippa

ليكوش

toimisto

بيرو

palvelin
سارفر
asiakirjakaappi
خزانة تاع الملفات
paperi
ورقة
tulostin
امبريمانت
näyttö
ليكرون
hiiri
لاسوري
kirjoituspöytä
بيرو
kansio
كلاسور
näppäimistö
كلافيي
roskakori
بوبال
tietokone
اوردیناتور
tuoli
كرسي

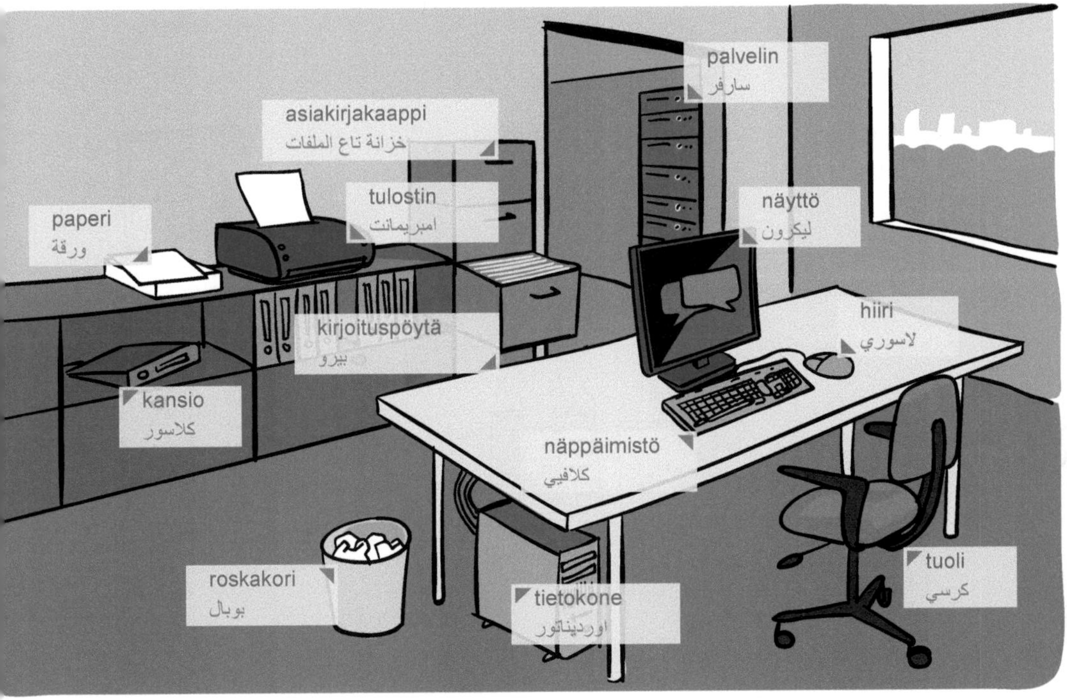

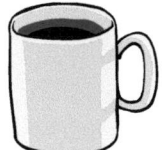

kahvimuki

كاس قهوة

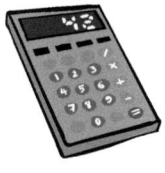

taskulaskin

كاكولاتريس

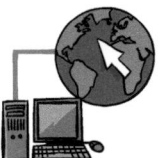

internet

لانترنت

kannettava tietokone

اورديناتور

kirje

برية

viesti

ميساج

kännykkä

بورطابل

verkko

ريزو

kopiokone

فوطوكوبي

ohjelmisto

لوجسيال

puhelin

تيليفون

pistorasia

بريزة

faksi

فاكس

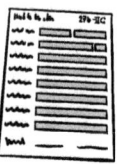

lomake

استمارة

asiakirja

وثيقة

ostaa

يشري

maksaa

يخلص

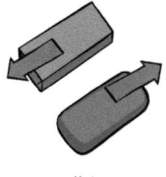

vaihtaa

يتاجر

raha

دراهم

dollari

دولار

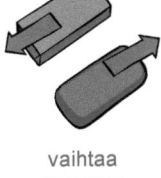

euro

اورو

jeni

ين

rupla

روبل

frangi

فرنك سويسري

renminbi juan

يوان

rupia

روبية

pankkiautomaatti

ديستريبيتور

rahanvaihto

بيرة تاع الصرف

kulta

ذهب

hopea

فضة

öljy

نفط

energia

طاقة

hinta

السومة

sopimus

عقد

vero

طاكس

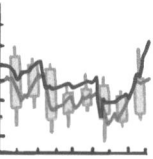

osake

سهم

työskennellä

يخدم

työntekijä

خدام

työnantaja

مول الشي

tehdas

وزين

liike

حانوت

ammatit
الخدمة

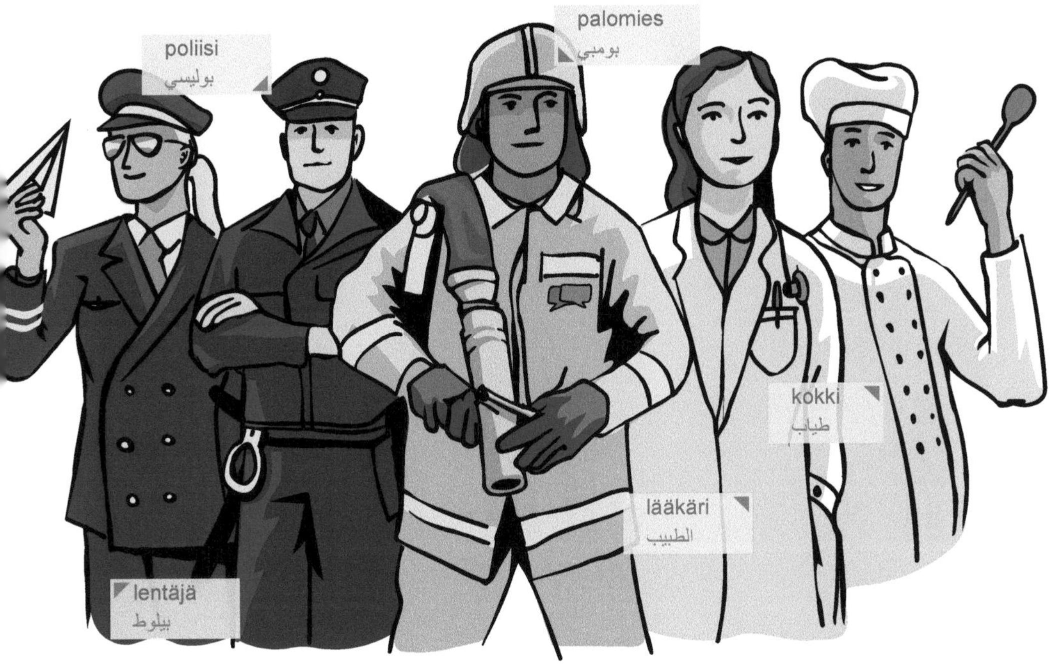
poliisi
بوليسي
palomies
بومبي
kokki
طياب
lääkäri
الطبيب
lentäjä
بيلوط

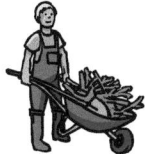

puutarhuri

جرديني

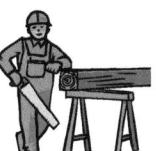

puuseppä

نجار

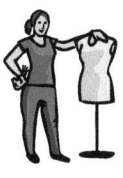

ompelija

خياط

tuomari

قاضي

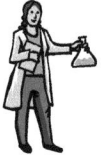

kemisti

شيميك

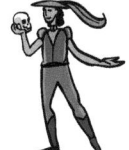

näyttelijä

ممثل

linja-autonkuljettaja

شوفير

taksinkuljettaja

طاكسيور

kalastaja

صياد

siivooja

خدامة

katontekijä

ماصو تاع الصقف

tarjoilija

سارفور

metsästäjä

صياد

maalari

بنتار

leipuri

خباز

sähköasentaja

الكتريسيان

rakentaja

ماصون

insinööri

مهندس

teurastaja

بوشي

putkiasentaja

بلومبي

postinjakaja

فاكتور

sotilas

جندي

arkkitehti

ارشيتكت

kassanhoitaja

كاسسي

floristi

بياع اورد

kampaaja

كوافير

konduktööri

الكنترول

mekaanikko

ميكانيسيان

kapteeni

كابيتان

hammaslääkäri

طبيب سنان

tiedemies

عالم

rabbi

حاخام

imaami

امام

munkki

موان

pappi

موان

työkalut
ليزوتي

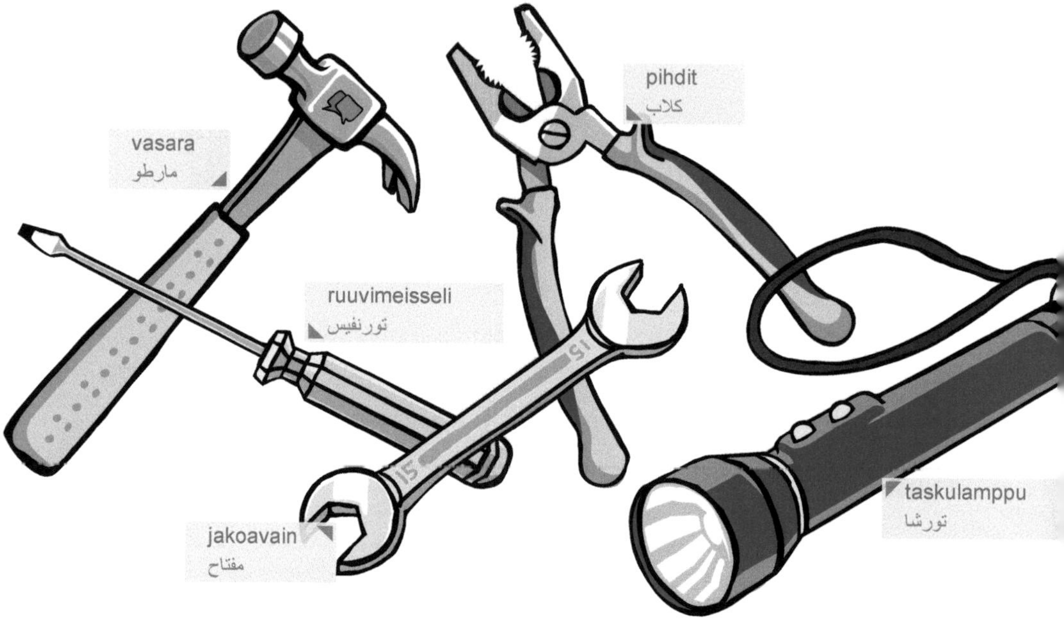

vasara
مارطو
pihdit
كلاب
ruuvimeisseli
تورنفيس
jakoavain
مفتاح
taskulamppu
تورشا

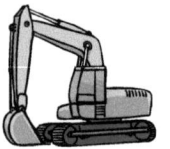

kaivinkone
جرافة

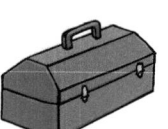

työkalupakki
قايصة نتاع ليزوتي

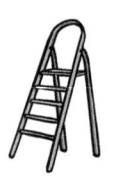

tikkaat
سلوم

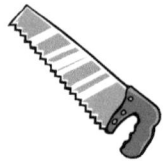

saha
منشار

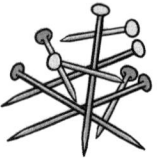

naulat
مسامير

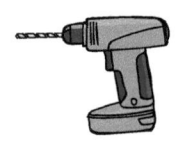

pora
برسوز

korjata

يصنع

lapio

البالة

Hitto!

ياويلي

rikkalapio

بالا

maalipurkki

بو تاع بنتورة

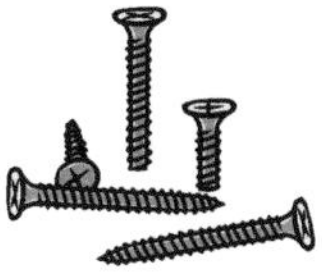

ruuvit

ليفيس

soittimet

آلات موسيقية

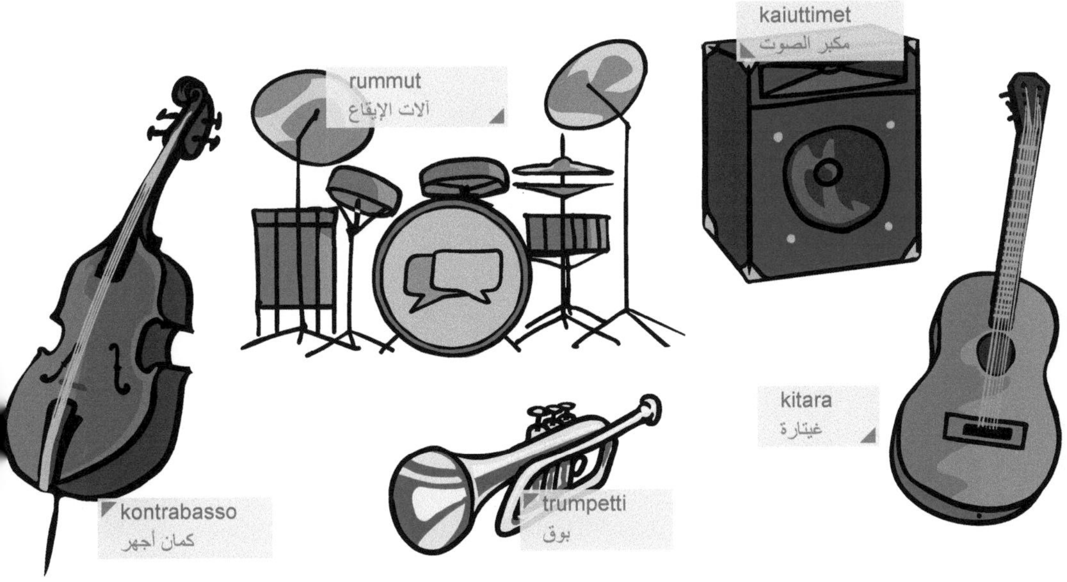

kaiuttimet

مكبر الصوت

rummut

آلات الإيقاع

kitara

غيتارة

kontrabasso

كمان أجهر

trumpetti

بوق

piano

بيانو

viulu

كمنجة

basso

جهير

patarummut

طبل كبير

rumpu

طبل

kosketinsoitin

بيانو كهربائي

saksofoni

ساكسوفون

huilu

ناي

mikrofoni

ميكروفون

eläintarha

حديقة حيوانات

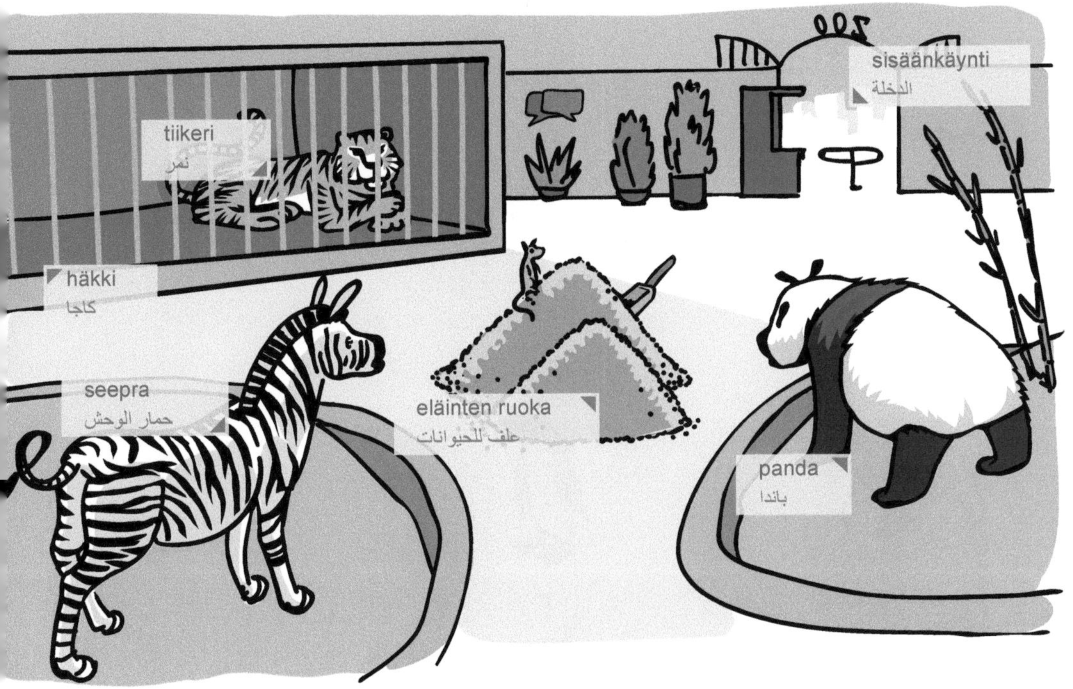
sisäänkäynti
الدخلة
tiikeri
نمر
häkki
كاجا
seepra
حمار الوحش
eläinten ruoka
علف للحيوانات
panda
باندا

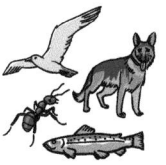

eläimet
حيوانات

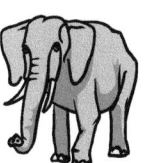

norsu
فيل

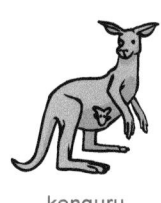

kenguru
كنغر

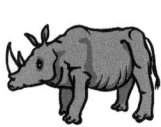

sarvikuono
وحيد القرن

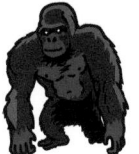

gorilla
غوريلا

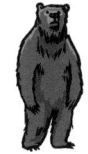

karhu
دب

kameli

جمل

strutsi

نعامة

leijona

سبع

apina

تشيطا

flamingo

فلامونغوز

papukaija

بيروكي

jääkarhu

دب قطبي

pingviini

بطريق

hai

سمك القرش

riikinkukko

طاووس

käärme

لفعة

krokotiili

تمساح

eläintarhanhoitaja

عساس في حديقة الحيوان

hylje

عجل البحر

jaguaari

نمر أمريكي مرقط

poni

فرس قزم

leopardi

نمر

virtahepo

فرس النهر

kirahvi

زرافة

kotka

نسر

villisika

حلوف

kala

حوت

kilpikonna

فكرون

mursu

حيوان فظ البحري

kettu

ثعلب

gaselli

غزال

amerikkalainen jalkapallo
بالون اميريكا

pyöräily
الركبة تاع البيسكلت

tennis
تينيس

koripallo
باسكات

uinti
العوم

nyrkkeily
بوكس

jääkiekko
هوكي

jalkapallo
بالون

sulkapallo
الريشة الطائرة

yleisurheilu
اتلاتيزم

käsipallo
الهوند

hiihto
سكي

poolo
بولو

nauraa
يضحك

hypätä
ينقز

halata
يعنق

kävellä
يمشي

laulaa
يغني

unelmoida
ينوم

rukoilla
يصلي

suudella
يبوس

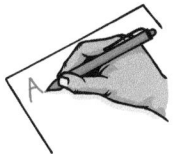

kirjoittaa

يكتب

piirtää

يرسم

näyttää

يوري

painaa

يدمر

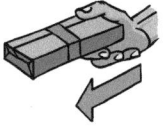

antaa

يعطي

ottaa

يدي

omistaa

يملك

tehdä

يخدم

olla

كاين

seisoa

يوقف

juosta

يجري

vetää

يجبد

heittää

يقيّس / يرمي

kaatua

يطيح

maata

يتكسل

odottaa

يشّوف

kantaa

يرفد

istua

يقعد

pukeutua

يلبس

nukkua

يرقد

herätä

ينوظ

katsoa

يشوف في

itkeä

يبكي

silittää

يحكك

kammata

يمشط

puhua

يهدر

ymmärtää

يفهم

kysyä

يسقسي

kuunnella

يسمع

juoda

يشرب

syödä

ياكل

siivota

يخمل

rakastaa

يبغي

keittää

يطيب

ajaa

يصوق

lentää

يطير

purjehtia

يبحر بالفلوكة

laskea

يحسب

lukea

يقرا

oppia

يتعلم

työskennellä

يخدم

mennä naimisiin

يتزوج

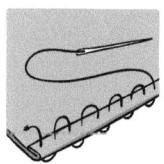

ommella

يخيط

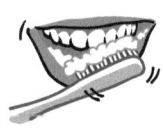

pestä hampaat

يغسل سنانو

tappaa

يكتل

tupakoida

يكمي

lähettää

يرسل

perhe
لعايلة

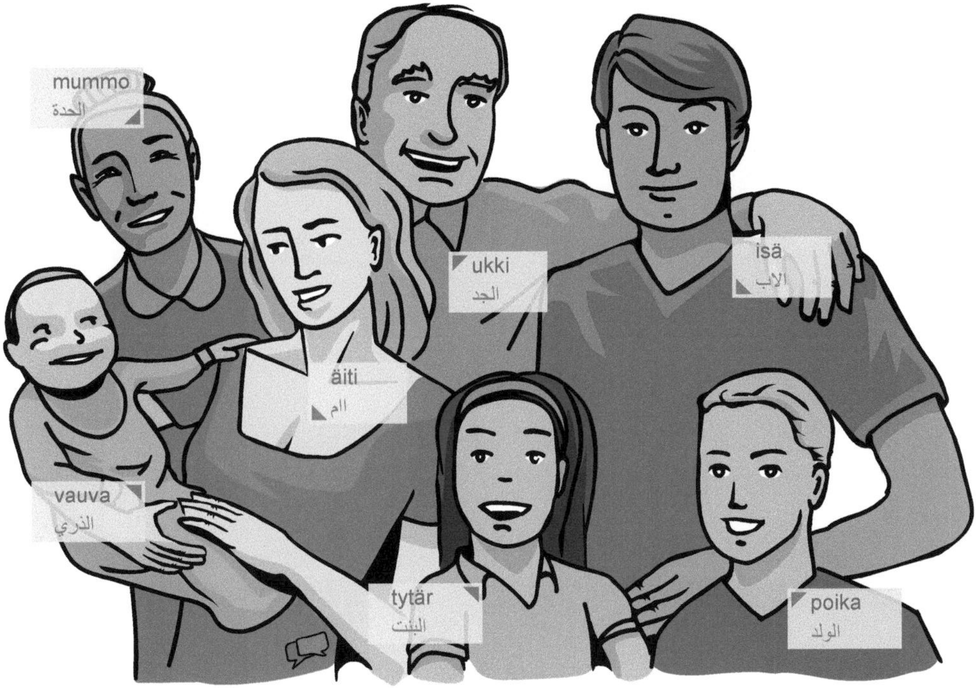
mummo
الحدة
ukki
الجد
isä
الاب
äiti
ام
vauva
الذري
tytär
البنت
poika
الولد

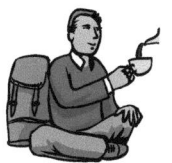

vieras

ضيف

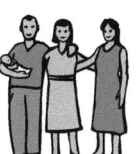

täti

العمة / الخالة

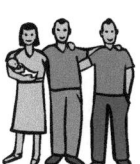

setä

العم / الخال

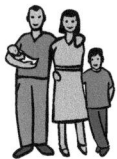

veli

الخو

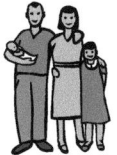

sisko

الخت

vartalo

الجسم

otsa
الجبهة
silmä
العين
olkapää
الكتف
sormet
صبع
kasvot
الوجه
leuka
اللحية
käsi
اليد
rinta
الصدر
jalka
الساق
käsivarsi
الذراع

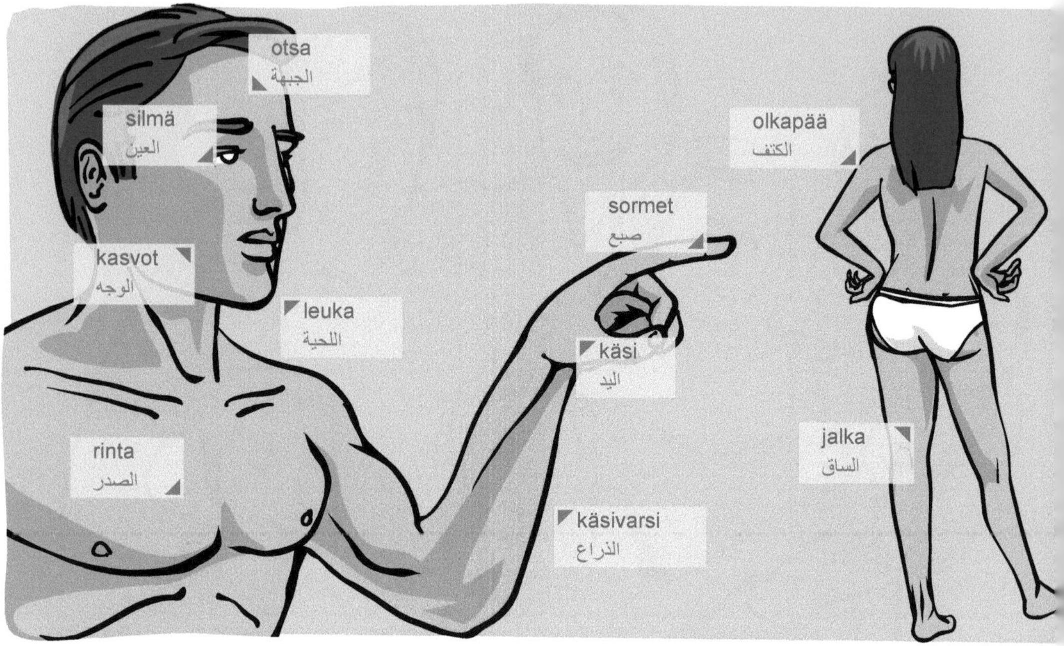

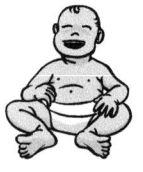

vauva

الذري

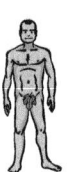

mies

الراجل

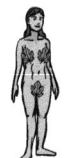

nainen

المرا

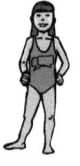

tyttö

الشيرة، الطفلة

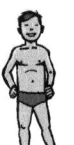

poika

الشير

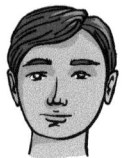

pää

الراس

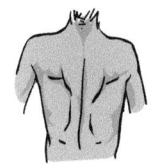

selkä

ظهر

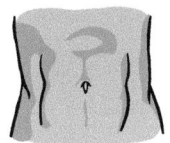

maha

الكرش

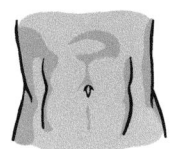

napa

السرة

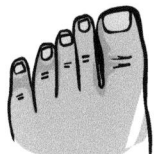

varvas

صبع

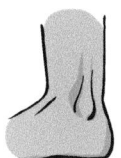

kantapää

طالون

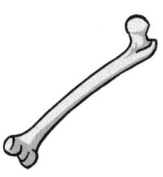

luu

العظم

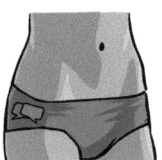

lantio

المرادف

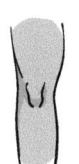

polvi

الركبة

kyynärpää

لمرفغ

nenä

نيف

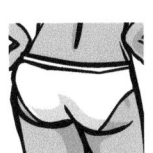

takapuoli

مصاصيط

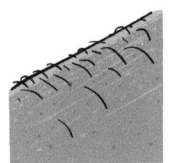

iho

البشرة

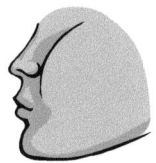

poski

الحنوك

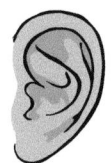

korva

لوذن

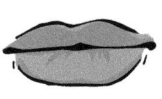

huuli

شورب

suu

الفم

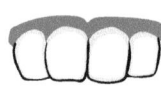

hammas

السنة

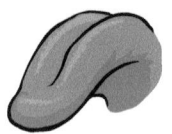

kieli

اللسان

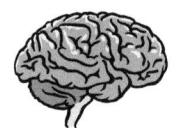

aivot

الدماغ

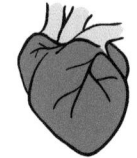

sydän

القلب

lihas

العضلة

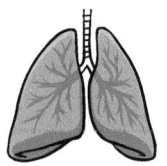

keuhkot

الرية

maksa

الكبدة

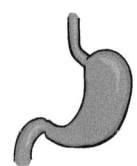

vatsa

لسطوما

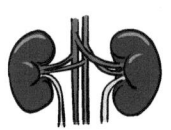

munuaiset

كلوى

seksi

رابور

kondomi

فيتنفرازيرب

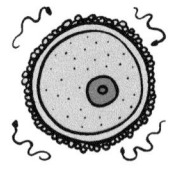

munasolu

البويضة

sperma

سبرم

raskaus

شركلب

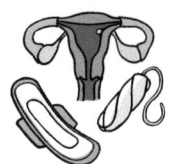

kuukautiset

....

الغراميل

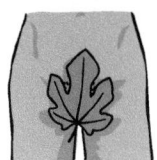

vagina

....

المهبل

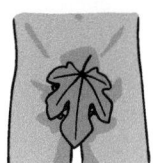

penis

....

المذاكر

kulmakarvat

....

الحاجب

hiukset

....

الشعر

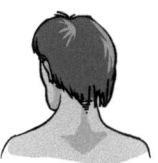

niska

....

رقبة

sairaala

سبيطار

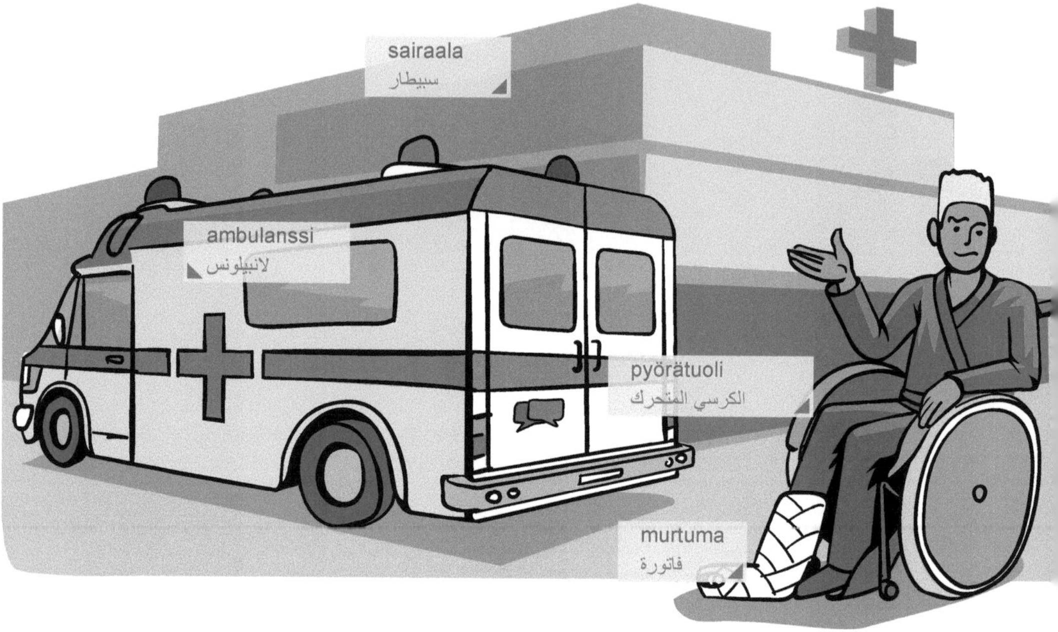

sairaala
سبيطار
ambulanssi
لانبيلونس
pyörätuoli
الكرسي المتحرك
murtuma
فاتورة

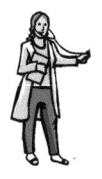

lääkäri

الطبيب

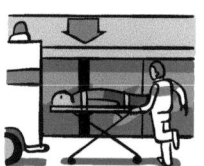

ensiapu

ليزيرجونس

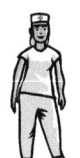

sairaanhoitaja

الممرضة

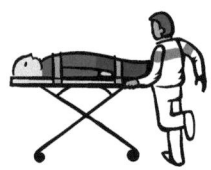

hätätilanne

ليرجونس

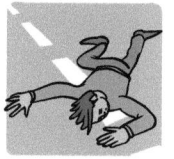

tajuton

تغاشى

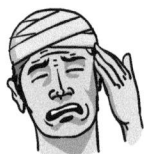

kipu

الوجع

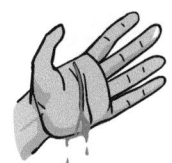

vamma

الجرح

verenvuoto

يسيل الدم

sydänkohtaus

القلب

aivoinfarkti

لايسي

allergia

لالرجي

yskä

الكحة

kuume

الحمة

flunssa

لافريب

ripuli

الاسهال

päänsärky

ميغران

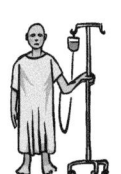

syöpä

السرطان

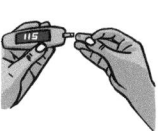

diabetes

السكر

kirurgi

الجراح

veitsi

مبضع

leikkaus

عملية تاع القلب

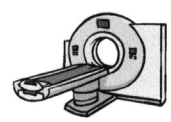

ct

لاسيتي

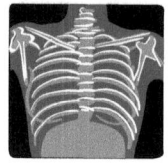

röntgen

الراديو

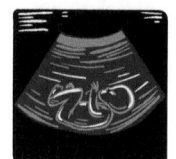

ultraääni

لولتخازرون

maski

لماسك

sairaus

المرض

odotushuone

وين يقارعو

sauva

العكاز

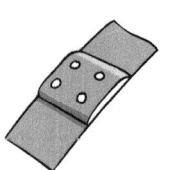

laastari

سكوتش

side

لبانسما

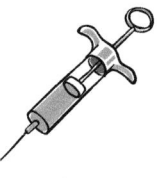

pistos

لبرة

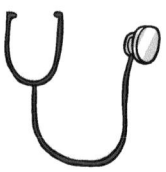

stetoskooppi

السماعة تاع الطبيب

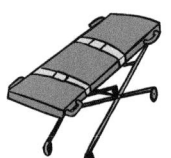

paarit

نقالة

kuumemittari

لوزنو بيه الحمة

syntymä

زيادة

ylipaino

السمونية

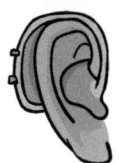

kuulolaite

جهاز السمع

desinfiointiaine

المعقم

infektio

لنفكسون

virus

الفيروس

HIV / AIDS

السيدا

lääke

الدوا

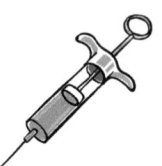

rokotus

الفاكسان

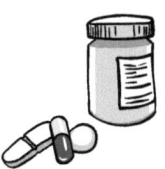

tabletit

الدوا حب

pilleri

بيلولة

hätäpuhelu

يعيط للنجدة

verenpainemittari

الجهاز ليقيسو بيه الدم

sairas / terve

مريض / صحيح

Apua!

سلكوني

hälytys

لالارم

ryöstö

يتعدا

hyökkäys

يهجم

vaara

دونجي

hätäuloskäynti

مخرج الطوارئ

Tulipalo!

النار شاعلة

palosammutin

لكستانتور

onnettomuus

اكسيدون

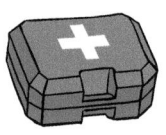

ensiapulaukku

فيزة تاع الاسعاف الاولي

SOS

سلكونا

poliisilaitos

لابوليس

Eurooppa

أوروبا

Pohjois-Amerikka

أمريكا الشمالية

Etelä-Amerikka

أمريكا الجنوبية

Afrikka

أفريقيا

Aasia

آسيا

Australia

أستراليا

Atlantin valtameri

المحيط الأطلسي

Tyynimeri

المحيط الهادي

Intian valtameri

المحيط الهندي

Eteläinen jäämeri

المحيط المتجمد الجنوبي

Pohjoinen jäämeri

المحيط المتجمد الشمالي

pohjoisnapa

القطب الشمالي

etelänapa

القطب الجنوبي

Antarktis

منطقة القطب الجنوبي

maa

أرض

maa

بلاد

meri

بحر

saari

جزيرة

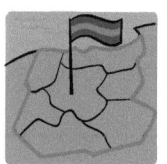

kansa

امة

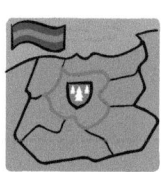

osavaltio

دولة

kellotaulu

ميناء الساعة

tuntiviisari

عقرب الساعات

minuuttiviisari

عقرب الدقائق

sekuntiviisari

عقرب الثواني

Paljonko kello on?

شعال راها الساعة؟

päivä

يوم

aika

زمن

nyt

دروك

digitaalikello

ساعة رقمية

minuutti

دقيقة

tunti

ساعة

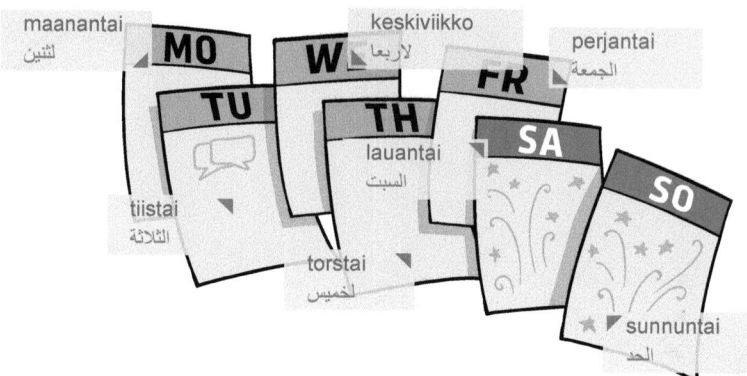

maanantai / لثنين
keskiviikko / لاربعا
perjantai / الجمعة
tiistai / الثلاثة
torstai / لخميس
lauantai / السبت
sunnuntai / الحد

eilen
لبارح

tänään
اليوم

huomenna
غدوا

aamu
صباح

keskipäivä
القايلة

ilta
العشية

MO	TU	WE	TH	FR	SA	SU
1	2	3	4	5	6	7
8	9	10	11	12	13	14
15	16	17	18	19	20	21
22	23	24	25	26	27	28
29	30	31	1	2	3	4

työpäivät
يامات الخدمة

MO	TU	WE	TH	FR	SA	SU
1	2	3	4	5	6	7
8	9	10	11	12	13	14
15	16	17	18	19	20	21
22	23	24	25	26	27	28
29	30	31	1	2	3	4

viikonloppu
ويكاند

vuosi

العام

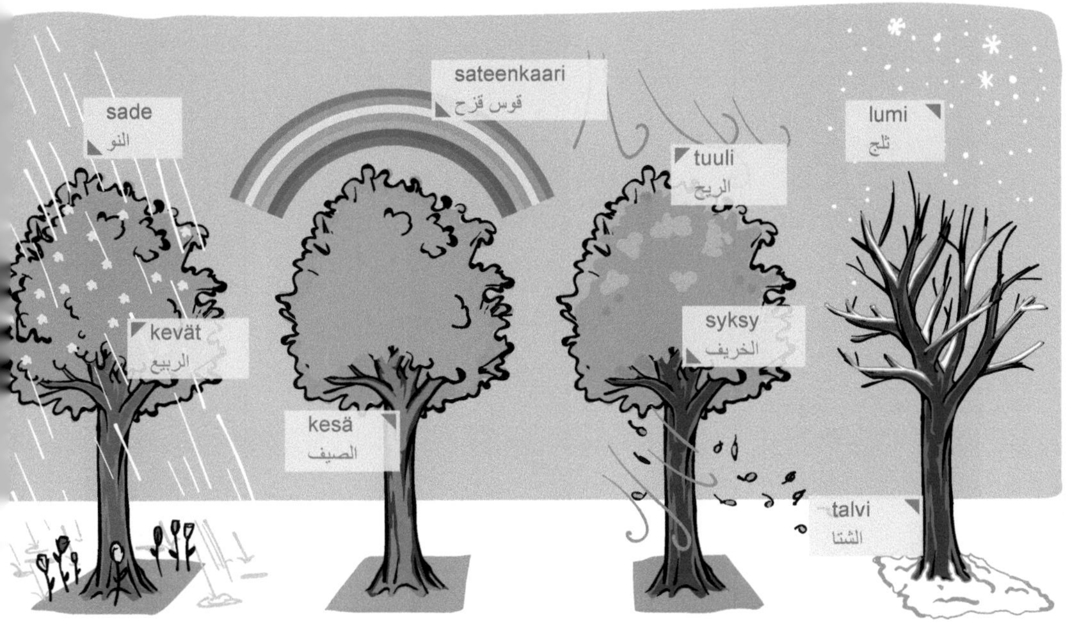

sade
النو
sateenkaari
قوس قزح
lumi
ثلج
tuuli
الريح
kevät
الربيع
syksy
الخريف
kesä
الصيف
talvi
الشتا

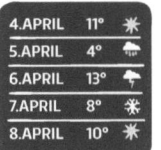

4.APRIL 11°
5.APRIL 4°
6.APRIL 13°
7.APRIL 8°
8.APRIL 10°

säännuste

يتنبأ بالحال

F C
120 40
90 30
60 20
30 10
0 0
-30 -10
-20

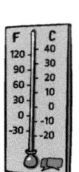

lämpömittari

مقياس حرارة

auringonpaiste

ضوء الشمس

pilvi

سحابة

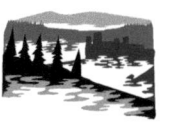

sumu

ضباب

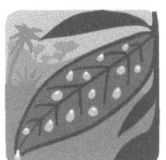

ilmankosteus

ميديتي

salama

برق

ukkonen

رعد

myrsky

عاصفة

rae

بَرَد

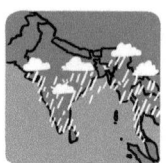

monsuuni

ريح

tulva

طوفان

jää

جليد

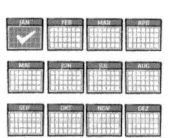

tammikuu

جانفي

helmikuu

فيفري

maaliskuu

مارس

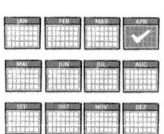

huhtikuu

افريل

toukokuu

ماي

kesäkuu

جوان

heinäkuu

جويلية

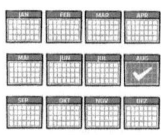

elokuu

اوت

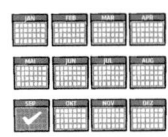

syyskuu
....
سبتمبر

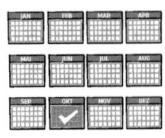

lokakuu
....
اكتوبر

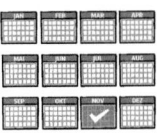

marraskuu
....
نوفمبر

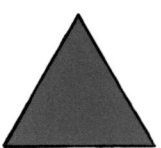

joulukuu
....
ديسمبر

muodot

فورما

ympyrä
....
دويرة

neliö
....
مربع

suorakulmio
....
مستطيل

kolmio
....
مثلث

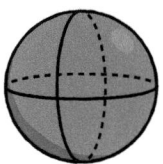

pallo
....
كريرة

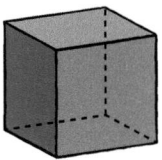

kuutio
....
مكعب

valkoinen

بيض

keltainen

صفر

oranssi

نثيني

vaaleanpunainen

روز

punainen

حمر

violetti

حلحالي

sininen

زرق

vihreä

خظر

ruskea

قهوي

harmaa

قري

musta

كحل

paljon / vähän

بزاف / شوية

vihainen / ystävällinen

زعفان / مكالمي

kaunis / ruma

شباب / مشي شباب

alku / loppu

البداية / التالي

suuri / pieni

كبير / صغير

vaalea / tumma

فاتح / فونسي

veli / sisko

خو / خت

puhdas / likainen

نقي / موسخ

täydellinen / epätäydellinen

كامل / ناقص

päivä / yö

نهار / الليل

kuollut / elävä

ميت / حي

leveä / kapea

عريض / ضيق

syötävä / syömäkelvoton

يقدو ياكلوه / ميقدروش ياكلوه

paha / kiltti

شرير / ناس ملاح

innostunut / tylsistynyt

يثير / يمل

lihava / laiha

سمين / رقيق

ensimmäinen / viimeinen

اللولا / التالية

ystävä / vihollinen

الصاحب / لعدو

täysi / tyhjä

معمر / فارغ

kova / pehmeä

قاصح / سويل

painava / kevyt

ثقيل / خفيف

nälkä / jano

جوع / عطش

sairas / terve

مريض / صحيح

laiton / laillinen

غير شرعي / شرعي

älykäs / tyhmä

ذكي / مبوقل

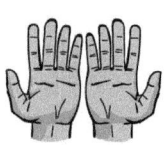

vasen / oikea

يسار / يمين

lähellä / kaukana

قريب / بعيد

uusi / käytetty

جديد / مستعمل

ei mitään / jotain

مكانش / شوية

vanha / nuori

ثيباني / شاب

päällä / pois päältä

يشعل / يطفئ

auki / kiinni

محلول / مبلع

hiljainen / äänekäs

بشوية / بلقور

rikas / köyhä

مرفح / زوالي

oikein / väärin

نيشان / خاطيء

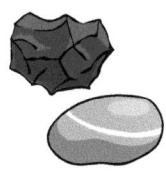

karhea / sileä

حرش / رطب

surullinen / iloinen

زعفان / فرحان

lyhyt / pitkä

قصير / طويل

hidas / nopea

بشوية / بلخف

märkä / kuiva

مشمخ / ناشف

lämmin / viileä

حامي / بارد

sota / rauha

القيرة / لامان

نيميرويات

0

nolla

صفر

1

yksi

واجد

2

kaksi

زوج

3

kolme

ثلاثة

4

neljä

ربعة

5

viisi

خمسة

6

kuusi

ستة

7

seitsemän

سبعة

8

kahdeksan

ثمانية

9

yhdeksän

تسعة

10

kymmenen

عشرة

11

yksitoista

شحداش

12
kaksitoista
شناتس

13
kolmetoista
شطلت

14
neljätoista
شعاطبر

15
viisitoista
شعاطسمخ

16
kuusitoista
شعاطس

17
seitsemäntoista
شعتطعبس

18
kahdeksantoista
شعاطنمث

19
yhdeksäntoista
شطاعاست

20
kaksikymmentä
نورشع

100
sata
ةيم

1.000
tuhat
فلأ

1.000.000
miljoona
نويلم

englanti

انقلى

amerikanenglanti

انغلي تاع مريكان

mandariinikiina

لغة الشنوية

hindi

الهندية

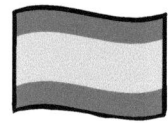

espanja

سبنيولية

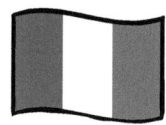

ranska

الفرونسي

arabia

العربية

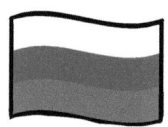

venäjä

الروسية

portugali

البوتغالية

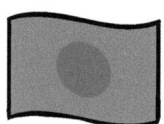

bengali

البنغالية

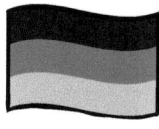

saksa

لالمنية

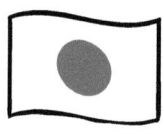

japani

الجابونية

minä

انا

sinä

نتا

♂ ♀ ○

hän

هو

me

حنايا

te

نتوما

he

هوما

kuka?

شكون

mitä / mikä?

واش

miten?

كيفاش

missä?

وين

milloin?

وقتاش

nimi

الاسم

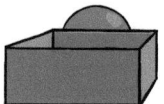

takana

مرول

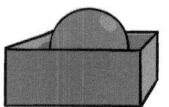

sisällä

في

edessä

قدام

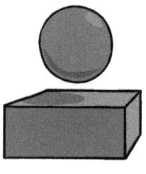

yläpuolella

فوق

päällä

على

alapuolella

تحت

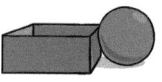

vieressä

حدا

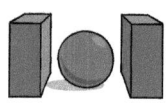

välissä

بين

paikka

بلاصة